ならべて焼くだけ

おさく

オーブンレンジで
満足ごはん

はじめに

こんにちは。おさくと申します。
まずはこの本を手に取ってくださりありがとうございます。
オーブン料理と聞くと面倒くさそう、ハードルが高いと思っていませんか?
実は、切って並べるだけで調理が完結する究極のほったらかし料理なんです。

「台所時間を今よりも少なくしたい」
「ごはん作りと家事育児を効率よくこなしたい」
「手は抜きたいけど食卓のクオリティは下げたくない」
「小さな子どもがいて料理に集中できない」

そんな当時の私の悩みをササッと解決してくれた、日常使いできるオーブン料理を
この1冊にギュッと詰め込みました。

ママにとって日々の時間の使い方はすごく大切。
育児や家事に仕事……日々のタスクをこなしていくだけで1日が終わってしまうような
日常に、私はだんだんと心の余裕がなくなっていくのを感じました。
しかし、オーブンという新しい手段に出会い、自分のものにしたことで、
日々タスクをこなしていくだけの日常にゆとりができて
自分自身の心と時間に余裕を感じられるようになりました。
この感覚をこの本を通してみなさんと共有したいと思っています。

オーブン調理のよいところは大きく分けて4つ。
①同じ温度・時間であれば、複数の料理を一緒に調理できること。
②焼き上がるまでの時間はキッチンを離れて、自分の時間にできること。
③下準備しか必要ないのに、手が込んで見える料理ができること。
④じっくり火が通ったおいしい料理ができること。

特別な日だけじゃもったいない。
日々の何気ない食卓に気軽にオーブンを取り入れて
育児に家事に仕事に頑張る子育てママを応援したい!
もっと日常にオーブンを。

この本を手に取ってくださった方の毎日に、
オーブンに頼ることで少しでもひと息つける時間が増えるよう、願っています。

おさく

オーブン調理
5つの調理法

オーブンは焼くだけじゃない。
実は、ほとんどの調理法がこれ1台で完結します。
焼く、煮る、炊く、蒸す、揚げる。
この5つの調理法がほったらかしで、切って並べるだけでOK。
これらを活用すれば、オーブンひとつで
同時にメインから副菜、スープまで……、
今日の献立が完成!
なんてことも叶っちゃいます。

焼く

定番の焼きはオーブンの得意分野。
むしろ、コンロでフライパンを
使って焼くよりも楽!
裏返す手間もないので煮くずれや失敗もしにくく、
焦げついてしまう心配も少ないので
料理初心者さんこそオーブン調理はおすすめ。
基本的に、フライパンで作っている料理は
ほぼオーブンで代用可能です。

煮る

ガスコンロの前に立つ時間が長い煮込む料理も、
オーブンなら庫内に入れるだけ。
その間に自分時間ができるのも、
この調理方法の大きなメリットです。
コンロでの作り方に比べ、水分の蒸発が少ないので
調味液は少なめ&味濃いめがおすすめです。

炊く

普通の白ごはんから炊き込みごはん、
ピラフまで使い方次第で無限大。
炊く時はなるべく熱伝導の良い、
ホーローの耐熱容器や100円ショップなどに
売っているケーキの型がおすすめです。
ふたがない場合は上から
アルミホイルで密閉します。
庫内に余裕がある機種なら、ル・クルーゼや
STAUBなどのオーブンOKのお鍋でも。

蒸す

蒸し料理もとっても簡単。
アルミホイルやオーブン用シートを使って
食材を包めば、水蒸気で中の具材が
ふっくら仕上がります。水分量の多い野菜で
メインのお肉や魚をサンドすると、
パサつき防止にも。

揚げる

ダイエット中でもオーブンで作る揚げ物なら
お肉から出る脂でカリッと焼くので
いつもよりヘルシーに仕上がります。
コンロで揚げ物をすると
その後の掃除が億劫な方にもおすすめ。
天板にはオーブン用シートをしいておくと
片付けが楽ちんです!

オーブン調理
成功の秘訣10

オーブン料理をするうえで私なりの方法や
フォロワーさんから頂いたリアルな悩みへの解決法をご紹介します。

1 お家のオーブンのクセを知る

庫内温度の上がり方や熱の通り方など、オーブンの特性は千差万別。自分が使うオーブンのクセを知っておくことで、今後オーブンを効率的に活用できます。

2 予熱は事前にしておく

基本的にオーブン調理の際は、必ず予熱をしてから焼きます。天板は入れなくても大丈夫。予熱がうまくできていないと、焼きムラが発生するので注意が必要です。

3 食材の大きさはなるべく揃える

ひとつのレシピで数種の具材を使う場合は（特に野菜類）、なるべく同じ大きさに揃えて切ることで焼きムラなく均等に火が通せます。具材同士重ならないように並べるのもコツです。

4 乾燥しないように 油をからめる

煮込みや蒸し料理をのぞき、根菜などの水分や油分の少ない野菜をそのまま焼くと、乾燥することがあります。事前に油でコーティングしておくことで、乾燥防止に。少量の油で焼き上がるので、よりヘルシーに仕上がります。

5 アルミホイルはすき間なく しっかり密閉

これは煮込み料理を作る時や炊く際に気をつけるポイントです。中の水分が逃げてしまわないように、すき間なく耐熱皿に沿わせてしっかりと密閉しましょう。

6 オーブン用シートを活用

天板にオーブン用シートをしいておくことで、具材がくっついて型くずれするのを防ぎます。後片付けの手間も少なくなります。おすすめは、無漂白、無添加のもの。

7 予熱完了までの時間を知る

予熱完了までの時間を知っておくと効率よく作ることができます。例えば、私の愛用のオーブンの場合、220℃の予熱時間は約10~15分ほど。それまでに下準備を進めておくと、予熱完了と同時に庫内へ入れることができます。

8 温度と時間の決め方

オーブンはメーカーや機種によって温まり方が異なりますが、以下を目安にすると調理しやすいです。この表とお家のオーブンのクセを見て時間を調整します。

オーブン温度	コンロ温度
170~190℃	弱火
200~220℃（基本この温度）	中火
230~250℃	強火

9 火の通りの確認

加熱後は、竹串などで確認してください。お肉は透明の肉汁が出てきたら火が通っています。追加で加熱が必要な場合は、加熱時間は一気に増やさず2分ずつ追加すると失敗しにくいです。

10 味つけ

オーブン料理では、水分が飛びにくいため、調味液は少なめに。味はいつもより濃いめにするとおいしくなります。ご家庭のお好みの味つけで実践してみてください。

もくじ

- 2　はじめに
- 4　オーブン調理　5つの調理法
- 6　オーブン調理　成功の秘訣10

わたしの定番レシピ

- 10　ほったらかし無水カレー
- 12　おもてなしグリル焼き
- 14　ハンバーグ

- 16　レシピについて

第1章
おさく流マフィン型で
同時調理

- 18　定番のおかず
  - ピーマン肉詰め / ハムエッグ
  - じゃがいもグラタン / さつまいもの塩バター
  - 鶏もも照り焼き / ツナの春巻き
- 20　洋風のおかず
  - ズッキーニのチーズ焼き / サケのパン粉焼き
  - かぼちゃのカレー粉焼き / 手羽中の塩こうじ焼き
  - フレンチトースト / 玉ねぎグリル
- 22　お子さまプレート
  - のり巻きチキン / 野菜&チーズのオムレツ
  - マカロニグラタン / 大学芋風
  - にんじん&トマトのグリル / コーンバター焼きおにぎり
- 24　和のごはんとおかず
  - ミニハンバーグ / 焼きおにぎり / かぼちゃの肉巻き
  - 厚揚げのごましょうが焼き / サバの竜田焼き
  - 焼きチーズいなり

- 26　おつまみごはん
  - 明太マヨチーおにぎり / 肉巻きアスパラ / 焼き枝豆
  - ちくわ磯辺焼き / 揚げなす / 豚肉塩こうじ焼き
- 28　お弁当のおかず
  - じゃがソーセージ / 肉巻きおにぎり / コーンバター
  - 無限ピーマン / 鶏肉のマスタード焼き
  - サケのムニエル風
- 30　ラクするわたしの愛用アイテム

第2章
食卓を彩るメインのおかず
肉、魚介、野菜

- 32　スペアリブ
- 34　簡単オーブンサムギョプサル
- 36　焼きロールキャベツ
- 38　ごちそうグリルサラダ
- 40　揚げない！　手羽中の唐揚げ
- 41　栄養爆弾つくねボール
- 42　ひき肉と厚揚げの照りマヨ焼き
- 44　ミルフィーユカツ
- 46　ポークケチャップ
- 48　豚こまプルコギホイル焼き
- 49　手羽中の甘みそ焼き
- 50　トマトミートボール
- 52　とんぺい焼き
- 53　ヘルシーチキンカツ
- 54　肉巻き野菜のミートローフ
- 56　肉豆腐
- 57　豚キムチ

- 58 豚バラときのこの重ね蒸し
- 59 鶏もも肉と根菜のハニーマスタード焼き
- 60 鶏ももチャーシュー
- 61 サケと野菜の包み蒸し焼き
- 62 オーブンアヒージョ
- 64 楽々アクアパッツァ
- 66 ブリのねぎみそ焼き
- 67 サーモンフライ
- 68 ブリ大根の照り焼き
- 69 サバみそチーズ焼き春巻き
- 70 ガーリックシュリンプ
- 72 サバときのこのみそマヨホイル
- 73 シシャモ＆トマトのオイルガーリック焼き
- 74 辛くない麻婆豆腐
- 76 野菜の焼き浸し
- 78 ラタトゥイユ

第3章
オーブンでうまみを引き出す野菜を使った副菜

- 80 たっぷり野菜のフリッタータ
- 81 揚げない大豆の甘辛炒め
- 82 かぼちゃの塩こうじグリル
- 83 ブロッコリーのにんにくマヨグリル
- 84 玉ねぎのチーズロースト
- 85 レタスのグリル焼き
- 86 じゃがツナガレット
- 87 ピーマン丸ごとしらすチーズ焼き
- 88 キャベツのちりめんオイル

- 89 なすのきのこチーズ焼き
- 90 長いも明太チーズ
- 91 長ねぎとちくわの塩昆布ソテー
- 92 根菜ハニーきんぴら
- 93 オーブン大学芋
- 94 里いものクリチマスタードロースト
- 95 バターカレー枝豆
- 96 かぼちゃのきんぴら
- 97 なすの丸ごとグリル焼き
- 98 さつまいもの豆乳チャウダー
- 99 みそキムチスープ
- 100 ミネストローネ

第4章
ごはん、麺、パン……大満足の主食

- 102 ロコモコ丼
- 104 ほったらかしキーマ
- 106 焼きいなり
- 108 ヘルシー焼きビビンパ
- 109 オーブンふっくらごはん
- 110 豚バラガーリックピラフ
- 112 混ぜて焼くだけお好み焼き
- 114 あんかけかた焼きそば
- 116 豚バラキャベツのソース焼きうどん
- 118 グリルタコス
- 120 豚バラトマトブルスケッタ
- 122 お手軽ぎょうざの皮ラザニア

- 124 おわりに
- 126 温度・時間別さくいん

わたしの定番レシピ ①

ほったらかし無水カレー

おさくレシピの定番!
生米から作れる、究極のオーブンおまかせレシピ

220℃ / 35分〜

材料 (2〜3人分)

豚こま切れ肉…100g
ほうれん草…90g
トマト(大)…2個
玉ねぎ…1個
カレールー(フレークタイプ)…80g
しょうが(チューブ)…3cm
にんにく(チューブ)…3cm
バター…15g
オリーブオイル…適量
[ごはん]
米…2合
水…450ml
[トッピング]
温泉卵…2〜3個
好きな野菜(なす、かぼちゃ、トマト、れんこんなど)…適量
乾燥パセリ…適量

作り方

1 ほうれん草は600Wの電子レンジで1分加熱し、食べやすい大きさに切る。
2 オーブンは220℃に予熱する。
3 トマトはひと口大に切る。玉ねぎは半分を薄切りに、半分はみじん切りにする。
4 耐熱皿に3、ルー、ほうれん草、肉の順に重ねる。しょうが、にんにくをのせてアルミホイルでふたをする。
5 耐熱皿に洗った米と水を入れ、アルミホイルでふたをして天板にのせる。空いている部分にオーブン用シートをしき、食べやすい大きさに切った好きな野菜を並べる。野菜にオリーブオイルを塗る。
6 4は上段、5は下段に入れ、オーブンで35分焼く。ごはんとカレーを盛りつけて温泉卵、野菜をのせる。パセリをちらす。

— POINT —
固形のカレールーを使う場合は細かく刻んでおく。

わたしの定番レシピ ②

おもてなしグリル焼き

塩こうじに漬けた豚肉がしっとりカリカリ
素材のうまみを引き出した、見た目も華やかな一品

材料（3~4人分）

豚肩ロースかたまり肉…250g
とうもろこし…1本
なす…1本
パプリカ(赤)…1個
ブロッコリー(冷凍)…50g
カマンベールチーズ…1個
ミニトマト…8~10個
塩こうじ…大さじ1
米油…適量
ブラックペッパー…適量

作り方

1 豚肉はひと口サイズに切り、塩こうじに10分ほど漬ける。
2 とうもろこしはラップで包み、600Wの電子レンジで約2分30秒温める。なす、パプリカはすべてひと口大に切る。
3 オーブンは200℃に予熱する。
4 2のとうもろこしを適当な大きさに切る。耐熱皿になす、パプリカ、ブロッコリー、ミニトマトを並べ、米油をからめる。
5 1をすき間にしき詰め、カマンベールチーズをひと口大に切って上にちらす。
6 ブラックペッパーを振りかけ、オーブンで25~30分焼く。

(わたしの定番レシピ) ③

ハンバーグ

焼き加減が難しいハンバーグも失敗知らず
つけ合わせと一緒にオーブン加熱で同時に完成

200℃ 25分~

材料（2~3人分）

オリーブオイル…適量
[たね]
合いびき肉…約250g
玉ねぎ…1/4個
パン粉…大さじ4
卵…1個
塩・こしょう…少々

[つけ合わせ]
にんじん…1/2本
ブロッコリー…1/2個
じゃがいも…1/2個
[ソース]
玉ねぎ…1/2個
焼肉のタレ…大さじ4
しょうゆ…大さじ2
砂糖…小さじ1/2

作り方

1 オーブンは200℃に予熱する。
2 たねの材料の玉ねぎはみじん切りにし、ほかの材料と合わせ粘りが出るまでこねる。
3 天板にオーブン用シートをしき、**2**を成形したもの、食べやすい大きさに切ったつけ合わせの野菜を並べる。オリーブオイルを回しかける。
4 ソースの材料の玉ねぎはみじん切りにし、ほかの材料と耐熱皿に入れて混ぜ合わせ、アルミホイルでふたをする。
5 オーブンに**3**と**4**を入れ、25~30分焼く。
6 ハンバーグと野菜を皿に盛りつけ、ソースをかける。

(Arrange recipe)

煮込みハンバーグ

作り方

1 耐熱皿に成形したハンバーグと野菜を入れる。
2 ケチャップ大さじ2、ウスターソース大さじ2、しょうゆ小さじ1、砂糖小さじ2、水120ml、片栗粉小さじ2を混ぜ合わせたものを入れて200℃に予熱したオーブンで25~30分焼く。乾燥パセリを適量振る。

ブックデザイン / 川村哲司（atmosphere ltd.）
撮影 / 濱津和貴
スタイリング / 樽山リナ
調理補助 / 梅野知代、好美絵美
DTP / アーティザンカンパニー
校正 / 麦秋アートセンター
編集・執筆 / 水本晶子
編集 / 林怜実（KADOKAWA）
撮影協力 / UTUWA
　　　　　　日立グローバルライフソリューションズ株式会社
　　　　　　この本のレシピは、日立の過熱水蒸気オーブンレンジ
　　　　　　ヘルシーシェフ【MRO-W1C】を使って作成しました。

レシピについて

[オーブン料理をはじめる前に]
○ 本書では電気オーブンを使う場合の温度と焼き時間でご紹介して
　います。お持ちの機種や使用年数、個体差によって熱の回り方な
　どが違うため、レシピの温度と焼き時間を目安にしながら、お家
　のオーブンのクセに合わせて調整してください。加熱後は火が中
　まできちんと通っているか確認しましょう。
○ 本書ではレシピによって天板や耐熱容器を使い分けています。耐
　熱容器に関しては、ホーローやガラス製のものは火が通りやすく、
　厚みのある陶器製のものは火が通りにくいなど、素材や形によっ
　て変わります。使う器によって時間を調節してください。
○ 庫内に上中下段とある場合は、中か下段に入れるとまんべんなく
　熱が行き渡ります。

[この本での約束ごと]
○ 小さじは5㎖、大さじは15㎖です。
○ オリーブオイルはエキストラ・バージン・オリーブオイルを使用
　しています。
○ 温度と加熱時間は目安です。様子を見て調節してください。
○ オーブンで使用する器は、オーブン対応のものを使用してください。
○ 調味料類は特に指定がない場合は、しょうゆは濃口しょうゆ、砂
　糖は上白糖、小麦粉は薄力粉を使用しています。

おさく流 マフィン型で同時調理

いろいろなものを少しずつ、バランスよく食べたいと考えて生まれたマフィン型を使ったメニュー。一気に6種類のレシピができて、お弁当、おつまみ、お子さまプレートに活用できます。

❶ ピーマン肉詰め

型に詰めるから
肉とピーマンが分離しない！

材料

［たね］
- 合いびき肉…50g
- 玉ねぎ…1/4個
- 酒…小さじ1
- 塩こうじ…小さじ2

- ピーマン…1個
- 片栗粉…適量
- オリーブオイル…小さじ1/2

作り方

1. オーブンは200℃に予熱する。
2. ひき肉にみじん切りにした玉ねぎ、酒、塩こうじを入れてこねる。ピーマンはへたとタネを除いて約2cm厚さの輪切りに。
3. ピーマンに2でこねたたねを入れ、片栗粉をまぶす。
4. マフィン型に3を入れ、オリーブオイルを回しかける。
5. オーブンで15分焼く。

❷ ハムエッグ

ほったらかしで
とろっと半熟の焼き加減

材料

- 卵…1個
- ハム…1枚
- 塩・こしょう…適量

作り方

1. オーブンは200℃に予熱する。
2. マフィン型にマフィンカップを入れ、ハムをしき、卵を割り入れる。
3. オーブンで15分焼く。仕上げに塩・こしょうを振る。

❸ じゃがいもグラタン

マヨネーズとチーズだけで
ほくほく本格的な味

材料

- じゃがいも…1/2個
- ピザ用チーズ…小さじ1〜2
- マヨネーズ…大さじ1

作り方

1. じゃがいもは600Wの電子レンジで2分30秒で加熱し、粗くつぶしてマヨネーズと混ぜる。
2. オーブンは200℃に予熱する。
3. マフィン型に1を入れたマフィンカップを入れ、チーズをのせてオーブンで15分焼く。

定番のおかず
子どもも大人もうれしい
定番メニューがずらり

200℃　15分〜

---

❹ さつまいもの塩バター

さつまいもの甘さが
ぐっと引き立つ

材料

- さつまいも…40g
- バター…5g
- 塩…少々

作り方

1. オーブンは200℃に予熱する。
2. さつまいもは細切りにする。
3. マフィン型に2を入れ、塩を振る。バターをのせて、オーブンで15分焼く。

❺ 鶏もも照り焼き

塩こうじでお肉がしっとり

材料

- 鶏もも肉…60g
- A
  - しょうゆ…大さじ1/2
  - みりん…大さじ1/2
  - にんにく（チューブ）…約2cm
  - 塩こうじ…小さじ1/2
  - 酒…小さじ1/2

作り方

1. オーブンは200℃に予熱する。
2. 鶏肉はひと口大に切り、マフィン型に入れる。混ぜ合わせたAをかける。
3. オーブンで15分焼く。

❻ ツナの春巻き

揚げずにヘルシー
ツナのうまみが広がる

材料

- ツナ缶…1/2缶
- 春巻きの皮…1枚
- マヨネーズ…大さじ1
- ピザ用チーズ…小さじ1

作り方

1. オーブンは200℃に予熱する。
2. 春巻きの皮にマヨネーズとあえたツナ、チーズをのせて包む。
3. マフィン型に入れてオーブンで15分焼く。

1 Osaku's oven range cooking
— Muffin molds

019

❶ ズッキーニの チーズ焼き

くたっと焼けたズッキーニに
チーズの塩味が後引く

材料
ズッキーニ…30g
ピザ用チーズ…小さじ1
オリーブオイル…小さじ1

作り方
1 オーブンは200℃に予熱する。
2 ズッキーニは3mmほどの厚さの輪切りにする。
3 マフィン型に2を入れ、チーズをのせる。オリーブオイルを回しかけ、オーブンで15分焼く。

❷ サケのパン粉焼き

こんがりパン粉で揚げ物風

材料
サケ(切り身)…1/2切れ
パン粉…適量
マヨネーズ…小さじ1
オリーブオイル…小さじ1

作り方
1 オーブンは200℃に予熱する。
2 サケは3等分に切る。
3 マフィン型に2を入れたマフィンカップを入れ、マヨネーズ、パン粉の順であえる。オリーブオイルを回しかける。
4 オーブンで15分焼く。

❸ かぼちゃの カレー粉焼き

スパイシーなカレー粉と
やさしいかぼちゃのマリアージュ

材料
かぼちゃ…1/8個
カレー粉…小さじ1
オリーブオイル…小さじ1

作り方
1 オーブンは200℃に予熱する。
2 かぼちゃは約2~3mm幅の薄切りにする。
3 マフィン型に2を入れ、オリーブオイルを回しかけてカレー粉を振る。
4 オーブンで15分焼く。

洋風のおかず
いつもと気分を変えたい時に
ぴったりなおかずたち

200℃ / 15分

---

❹ 手羽中の 塩こうじ焼き

ぱりっと焼けた皮目がぜいたく

材料
鶏手羽中ハーフ…2本
塩こうじ…小さじ1

作り方
1 オーブンは200℃に予熱する。
2 マフィン型に鶏肉を入れ、塩こうじをかける。
3 オーブンで15分焼く。

❺ フレンチトースト

最後のバターが決め手
ふんわり、カリカリに仕上がる

材料 1~2人分(マフィン型2つ分)
食パン(8枚切り)…1枚
A｛ 卵…1個
　　砂糖…大さじ1
　　牛乳…50ml ｝
バター…10g

> パンに卵液をしっかり
> 吸わせるのがポイント

作り方
1 オーブンは200℃に予熱する。
2 食パンは耳を切り、12等分に切る。
3 混ぜ合わせたAに2をひたひたになるまで10分ほど浸す。
4 マフィン型にマフィンカップを入れ、1カップあたり4つの3を入れる。上から小さく切ったバターをちらす。
5 オーブンで15分焼く。

❻ 玉ねぎグリル

シンプルイズベスト！
玉ねぎの甘みが引き立つ

材料
玉ねぎ…1/4個
オリーブオイル…小さじ1

作り方
1 オーブンは200℃に予熱する。
2 玉ねぎは1/2のくし切りにして、さらに横半分に切って串にさす。
3 マフィン型に2を入れ、オリーブオイルを回しかける。
4 オーブンで15分焼く。

Osaku's oven range cooking

Muffin molds

❶ のり巻きチキン

のりの風味がアクセント
ぱくぱく食べられる

材料

鶏むね肉…60g
A ┌ マヨネーズ…大さじ1
　├ 青のり…小さじ1
　└ 塩…少々
片栗粉…適量
焼きのり(おにぎり用)…1枚

作り方

1. オーブンは200℃に予熱する。
2. 鶏肉はひと口大に切り、混ぜ合わせたAにからめる。
3. 細く切ったのりで2を巻き、薄く片栗粉をはたき、マフィンカップをしいたマフィン型に入れる。
4. オーブンで15分焼く。

❷ 野菜&チーズのオムレツ

ふわっと軽やかな食感
子どもが喜ぶ

材料

ミックスベジタブル(冷凍)…大さじ1
ピザ用チーズ…小さじ2
卵…1個

作り方

1. オーブンは200℃に予熱する。
2. マフィン型にマフィンカップをしき、ミックスベジタブルとチーズをのせる。
3. 2に溶き卵を入れて、オーブンで15分焼く。

❸ マカロニグラタン

市販の材料でお手軽
作り置きにも

材料

マカロニ(サラダ用)…10g
市販ホワイトソース…30g
ウインナーソーセージ…1/2本
ピザ用チーズ…適量
コーン缶…小さじ1
豆乳…大さじ1
ブラックペッパー…適量

作り方

1. オーブンは200℃に予熱する。
2. マカロニにホワイトソースと豆乳をからめ、マフィンカップをしいたマフィン型に入れる。
3. 輪切りにしたウインナーとチーズをのせ、コーンをちらす。
4. オーブンで15分焼く。お好みでブラックペッパーを振る。

お子さまプレート

バランスよく栄養がとれて、飽きのこない子どもがよろこぶメニュー

200℃　15分〜

---

❹ 大学芋風

材料3つで本格的な味
箸やすめにぴったり

材料

さつまいも…30g
はちみつ…小さじ1
みりん…大さじ1/2

作り方

1. オーブンは200℃に予熱する。
2. さつまいもは皮をむき、小さめの乱切りにする。
3. マフィン型に2を入れて、はちみつとみりんを回しかける。
4. オーブンで15分焼く。

❺ にんじん&トマトのグリル

じっくり火を通すから
甘さが際立つ

材料

にんじん…約4cm
ミニトマト…2個
オリーブオイル…適量

作り方

1. オーブンは200℃に予熱する。
2. にんじんは3mm厚さの短冊切りにする。
3. マフィン型にマフィンカップをしき、2、ミニトマトを入れ、オリーブオイルを回しかける。
4. オーブンで15分焼く。

❻ コーンバター焼きおにぎり

甘じょっぱさがやみつき
冷めてもおいしい

材料

ごはん…約80g
コーン缶…大さじ1・1/2
しょうゆ…小さじ1/2
バター…5g

作り方

1. オーブンは200℃に予熱する。
2. 温めたごはんにコーン、しょうゆ、バターを混ぜて俵形にする。
3. マフィン型に入れてオーブンで15分焼く。

1 ミニハンバーグ

片栗粉で肉汁を閉じ込める

材料

[たね]
A
- 合いびき肉…100g
- 卵…1個
- 玉ねぎ…1/4個
- パン粉…大さじ2
- 塩・こしょう…少々

なす…10g
片栗粉…適量
ポン酢しょうゆ…適量

作り方

1. オーブンは200℃に予熱する。
2. 玉ねぎはみじん切りにして、ほかのたねの材料すべてと混ぜ合わせる。
3. なすは2枚の薄切りにして2をはさむ。片栗粉を薄くはたく。
4. マフィンカップに詰めた3をマフィン型に入れ、オーブンで15分焼く。仕上げにポン酢しょうゆをかける。

2 焼きおにぎり

オーブンだから焦がさない

材料

ごはん…約80g
A
- みりん…小さじ1/2
- しょうゆ…小さじ1/2

作り方

1. オーブンは200℃に予熱する。
2. ごはんで丸いおにぎりを作る。
3. マフィン型に2をのせ、混ぜ合わせたAを塗る。
4. オーブンで15分焼く。

3 かぼちゃの肉巻き

たれのうまみが
ぎゅっとしみこむ

材料 1～2人分(3個分)

かぼちゃ…20g
豚バラ薄切り肉…3枚
A
- しょうゆ…小さじ1
- 酒…小さじ1
- みりん…小さじ1
- 砂糖…小さじ1

作り方

1. オーブンは200℃に予熱する。
2. かぼちゃは約2mmの薄切りにする。豚肉でかぼちゃを巻く。
3. マフィン型に2を入れ、合わせたAを回しかける。
4. オーブンで15分焼く。

和のごはんとおかず

手間がかかりそうな和食も、
マフィン型なら簡単に作れる

200℃ 15分

---

4 厚揚げのごましょうが焼き

細かく切るから味がしっかり

材料

厚揚げ(約180g)…1枚
A
- しょうが(チューブ)…約2cm
- しょうゆ…大さじ1/2

オリーブオイル…大さじ1/2

作り方

1. オーブンは200℃に予熱する。
2. 厚揚げは約1cmの角切りにする。
3. マフィン型にマフィンカップをしき、1を入れ、混ぜ合わせたAをかける。
4. オリーブオイルを回しかけ、オーブンで15分焼く。

5 サバの竜田焼き

片栗粉をまぶすことで
食感に変化

材料

サバ(骨なし切り身)…1切れ
塩こうじ…小さじ1
片栗粉…適量

作り方

1. オーブンは200℃に予熱する。
2. サバはひと口大に切る。
3. マフィン型に2を入れ、塩こうじとあえる。片栗粉を全体にまぶす。
4. オーブンで15分焼く。

6 焼きチーズいなり

こんがり焼いた
新しいおいしさ

材料

味付いなりあげ…1枚
ごはん…50g
スライスチーズ…1/2枚
オリーブオイル…適量
いりごま(黒、白どちらでも)…適量

作り方

1. オーブンは200℃に予熱する。
2. いなりあげに半分に切ったチーズ、温めたごはんを詰め、俵型に形を整える。
3. マフィン型に薄くオリーブオイルを塗り、2を入れる。
4. オーブンで15分焼く。お好みでいりごまを振っても。

1 明太マヨチーおにぎり

間違いのない組み合わせ
お酒との相性ぴったり

材料
ごはん…80g
A ┌ 明太子…15g
  │ 粉チーズ…適量
  └ マヨネーズ…小さじ1

作り方
1. オーブンは200℃に予熱する。
2. ごはんで丸いおにぎりを作る。
3. マフィン型に入れ、混ぜ合わせたAを上にのせる。
4. オーブンで15分焼く。

2 肉巻きアスパラ

豚バラ肉を使って
ジューシーに

材料
グリーンアスパラガス…1本
豚バラ薄切り肉…1枚
A ┌ しょうゆ…小さじ2
  │ 酒…小さじ1
  │ みりん…小さじ1
  └ 砂糖…小さじ1
オリーブオイル…大さじ1/2

作り方
1. オーブンは200℃に予熱する。
2. アスパラガスは根元のかたい部分の皮をピーラーでむき、4等分に切る。
3. 4等分に切った豚肉で2を巻く。
4. マフィン型にマフィンカップをしき、3を入れてAを混ぜ合わせたものを回しかける。
5. オリーブオイルを回しかけ、オーブンで15分焼く。

3 焼き枝豆

香ばしい焼き目が
食欲をそそる

材料
枝豆(冷凍)…6個

作り方
1. オーブンは200℃に予熱する。
2. マフィン型に解凍した枝豆を入れる。
4. オーブンで15分焼く。

おつまみごはん
おつまみにもバリエーションがほしい
そんな時に一気に仕上がる晩酌ごはん

 200℃ 15分

4 ちくわ磯辺焼き

揚げずにヘルシー

材料
ちくわ…1本
マヨネーズ…大さじ1/2
青のり…適量

作り方
1. オーブンは200℃に予熱する。
2. ちくわは幅1cmに切る。
3. マフィン型に2を入れ、青のり、マヨネーズとからめる。
4. オーブンで15分焼く。

5 揚げなす

とろっと食感が
オーブンなら簡単に

材料
なす…1/2本
ごま油…大さじ1

作り方
1. オーブンは200℃に予熱する。
2. 1cm厚さに切ったなすをマフィン型に入れ、ごま油を回しかける。
3. オーブンで15分焼く。

6 豚肉塩こうじ焼き

厚切り肉でボリューム満点
食べごたえ抜群

材料
豚ロースとんかつ用肉…60g
塩こうじ…小さじ1

作り方
1. オーブンは200℃に予熱する。
2. 豚肉はひと口大に切る。
3. マフィン型に2をほぐし入れ、塩こうじとあえる。
4. オーブンで15分焼く。

1 じゃがソーセージ

ウインナーのうまみをまとう
じゃがいもが美味

材料

ウインナーソーセージ…1本
じゃがいも…1/4個
塩・こしょう…適量
オリーブオイル…小さじ1
乾燥パセリ…適量

作り方

1 オーブンは200℃に予熱する。
2 ウインナーは4等分の斜め切り、じゃがいもは3mm幅のいちょう切りにする。
3 マフィン型に2を入れ、塩・こしょうを振る。オリーブオイルを回しかける。
4 オーブンで15分焼き、パセリを振る。

2 肉巻きおにぎり

マフィン型を使って簡単に
みんな大好きな味

材料

豚ロース薄切り肉…1枚
ごはん…約80g
焼肉のたれ…大さじ1

作り方

1 オーブンは200℃に予熱する。
2 ごはんで丸いおにぎりを作る。
3 マフィン型に豚肉をしき、2を包む。巻き終わりを下にする。
4 たれをかけ、オーブンで15分焼く。

3 コーンバター

スープの素でコクを出す

材料

コーン缶…大さじ2
洋風スープの素（顆粒）…小さじ1/4
バター…5g

作り方

1 オーブンは200℃に予熱する。
2 マフィン型にマフィンカップをしき、コーン、スープの素、バターを入れ、オーブンで15分焼く。

お弁当のおかず
忙しい朝でも品数ばっちりの
お弁当が一気に完成！

200℃　15分〜

4 無限ピーマン

彩りきれいに仕上がる

材料

ピーマン…1個
ごま油…小さじ1

作り方

1 オーブンは200℃に予熱する。
2 ピーマンは縦半分に切り、へたとタネを除いて細切りにする。マフィン型に入れ、ごま油を回しかけてからめる。
3 オーブンで15分焼く。

5 鶏肉のマスタード焼き

ぴりっとマスタードが
お弁当のアクセントに

材料

鶏もも肉…60g
粒マスタード…小さじ1
塩こうじ…小さじ1/2

作り方

1 オーブンは200℃に予熱する。
2 鶏肉はひと口大に切る。
3 マフィン型に2を入れ、マスタード、塩こうじを加えてあえる。
4 オーブンで15分焼く。

6 サケのムニエル風

バター醤油で和洋折衷
小麦粉で味がなじむ

材料

サケ(切り身)…2〜3切れ
小麦粉…大さじ1
バター(無塩)…5g
しょうゆ…小さじ1
塩…少々 ※加塩バターの場合不要

作り方

1 オーブンは200℃に予熱する。
2 サケはひと口大に切り、水気をとる。小麦粉をまぶし、マフィン型に入れる。
3 オーブンで15分焼き、熱いうちにバターとしょうゆ、塩をからめる。

マフィン型

わたしが使っているのは100円ショップのリーズナブルなもの。この型で大人1人分、子どもの場合2人分のお弁当が作れます。焦げついてもお湯につけておけば簡単にとれます。

耐熱皿

失敗を防ぐために熱伝導の良い耐熱皿がおすすめ。わたしは無印良品のホーロー容器や、富士ホーローのものを愛用しています。ホーローだと直火も可能なので、オーブンで焼き上げて食べる前にコンロで温めるなんて使い方も。ふたつきのものであればそのまま保存容器としても使えます。

オーブンミトン

オーブン料理を取り出す時のやけど防止に必ず使っています。このミトンは手首までしっかり覆うことができるので、庫内の入り口で手がぶつかっても大丈夫。たれがついてもお手入れしやすいシリコンタイプが好きです。

ラクするわたしの愛用アイテム

オーブン料理と聞くと特別なアイテムが必要だと思ってしまいがちですが、道具はいたってシンプル。お気に入りのものを使えばオーブン生活がもっと楽しくなります。ほぼ毎日オーブン料理を作っているわたしのおすすめアイテムを紹介します。

オイルスプレー

食材にまんべんなく薄く油をひくためにも愛用してます。これを使い始めてからムラなく焼き色がつくことが増えました。油の使いすぎもなくなり、重宝しています。節約にもなります。

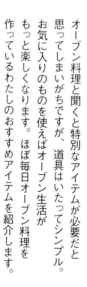

オーブン温度計

オーブンの予熱温度と実際の庫内温度がわかるアイテム。庫内の温度はドアの開閉で10℃ほど下がります。なるべく早く具材をセットするのがポイントですが、設定した温度と実際の庫内温度が大幅に違う場合は、記載温度より10〜20℃上げて予熱するのも失敗を防ぐコツです。

オーブン用シート

油などの汚れ防止や、具材がくっつくのを防ぐために使ってます。100円ショップでも売っていますのでお好きなものを使ってください。ゴミが増えるのが気になる方は繰り返し使えるものを活用するのもひとつの方法です。

2 Osaku's oven range cooking — Main dish

食卓を彩るメインのおかず

肉、魚介、野菜

火を使わずに肉、魚介、野菜のうまみを
存分に引き出したメインのおかず。
ごはんやパンを添えれば立派な食卓のできあがりです。

スペアリブ

りんごを使ったフレッシュなソースが
肉の味を引き立てる

材料（3~4人分）

スペアリブ…6~8本
りんご…1個
玉ねぎ…1/2個
塩・こしょう…適量
A [
　ケチャップ…大さじ4
　ウスターソース…大さじ2
　はちみつ…大さじ2
　にんにく…1かけ（チューブでも可）
　しょうゆ…大さじ2
]
ローズマリー…適量
[トッピング]
レモン…1切れ

作り方

1 鶏肉は塩・こしょうを振る。
2 りんご半分は皮をむかずに5mm厚さのくし形に切る。残りのりんご半分と玉ねぎはすりおろし、Aと混ぜ合わせてソースを作る。
3 食品用保存袋に1と2を入れて1時間以上漬ける。
4 オーブンは200℃に予熱する。
5 天板にオーブン用シートをしき、3をソースごとのせ、残りのりんごを並べる。お好みでローズマリーをのせる。オーブンで35分焼く。盛りつけてレモンを添える。

— POINT —
スペアリブは豚肩ロース肉でもOK!

簡単オーブン サムギョプサル

オーブンで豚肉をジューシーに
手間をかけずに本格韓国料理

材料（3~4人分）

豚バラかたまり肉…300g
にんにく…1玉
じゃがいも…2個
エリンギ…2本
白菜キムチ…100g
塩…小さじ1/2
A [オリーブオイル…大さじ1/2
　　塩…少々]

[たれ]
みそ…小さじ1
コチュジャン…小さじ1/2
砂糖…小さじ1/2
ごま油…小さじ1/2
にんにく（チューブ）…5cm

[トッピング]
白いりごま…適量
サンチュ…適量
エゴマの葉（お好みで）…適量

作り方

1 オーブンは220℃に予熱する。
2 豚肉は約2cmの厚さに切り、塩を振る。じゃがいもは約1.5cmの厚さに、にんにくは丸ごと1玉を横半分に切る。エリンギは縦にさく。
3 2の野菜にAで下味をつける。
4 耐熱皿に3とキムチをしきつめ、2の豚肉を並べる。オーブンで20分焼く。
5 たれの材料を混ぜ合わせる。お好みで白ごまを振り、サンチュやエゴマの葉でくるんでたれにつけて食べる。

2 Osaku's oven range cooking

Main dish

035

焼きロールキャベツ

切った瞬間に肉汁がじゅわ～！
くずれる心配がない、新・ロールキャベツ

材料（4個分）

キャベツ…4枚
粉チーズ…大さじ2
塩・こしょう…少々
オリーブオイル…大さじ1
[たね]
合いびき肉…200g
卵…1個
玉ねぎ…1/2個
パン粉…大さじ4
塩・こしょう…少々

作り方

1 キャベツは耐熱皿に入れ、600Wの電子レンジで1分30秒加熱する。
2 オーブンは200℃に予熱する。
3 たねの玉ねぎはみじん切りにし、ほかのたねの材料と粘りが出るまで混ぜ合わせる。
4 **1**のキャベツを広げ、**3**を4等分して巻く。耐熱皿にオリーブオイルを回し入れ、しきつめる。
5 塩・こしょう、粉チーズ、オリーブオイルを振りかけ、オーブンで30分焼く。

ごちそう
グリルサラダ

オーブンの熱で野菜がほくほくに
食べごたえ抜群のおかずになるサラダ

材料(2~3人分)

豚バラかたまり肉…200g
かぶ…2個
さつまいも…1/2個
しめじ…適量
塩…少々
オリーブオイル…適量
[ソース]
粒マスタード…小さじ2
メープルシロップ…小さじ2
マヨネーズ…小さじ1

作り方

1 オーブンは200℃に予熱する。
2 豚肉と野菜はひと口大に切る。しめじは石づきをとり、ほぐす。
3 天板にオーブン用シートをしき、2を並べる。
4 塩、オリーブオイルを振りかけ、全体になじませ、オーブンで20分焼く。
5 ソースの材料を混ぜ合わせ、上からかける。

— POINT —

野菜は旬のものやお好きなものでも。

2 Osaku's oven range cooking — **Main dish**

揚げない! 手羽中の唐揚げ

焼いただけなのに
まるで唐揚げ!
シンプルなのに
クセになる味

200℃ 30分～

材料 (2~3人分)

鶏手羽中 …7~10本
A [塩こうじ…大さじ1
　 しょうゆ…大さじ1
　 みりん…大さじ1]
片栗粉…適量
[トッピング]
レモン…1切れ

作り方

1. オーブンは200℃に予熱する。
2. 鶏肉は混ぜ合わせたAに漬ける。
3. 片栗粉を薄くまぶし、オーブン用シートをしいた天板に並べる。
4. オーブンで30分焼く。盛りつけてレモンを添える。

― POINT ―

片栗粉は全体的に薄くまぶし、余分な粉をしっかりはらうと上手に焼ける。しょうがやにんにくを入れると、パンチのある味に。

栄養爆弾つくねボール

パワフルなのに飽きのこない味
切り干し大根のシャキシャキ食感が新しい

材料（16個分）

豚ひき肉…250g
ごぼう…1/2本
生ひじき…30g
切り干し大根…15g
A ┌ 卵…1個
　│ しょうが(チューブ)…2cm
　│ しょうゆ…大さじ1
　│ 片栗粉…大さじ1/2
　└ 塩…少々
小ねぎ…適量

作り方

1 オーブンは220℃に予熱する。
2 ごぼうはささがきにして、水にさらす。切り干し大根は水で戻し、小さめに切る。
3 ボウルにひき肉、2、ひじき、Aを入れてよく混ぜる。
4 3を丸めて成形する。耐熱皿に並べてオーブンで20分焼く。
5 仕上げに小ねぎをちらす。

ひき肉と厚揚げの照りマヨ焼き

厚揚げを使って、しっかりとした食べ応え
子どもにも人気の味つけ

材料 (2~3人分)

豚ひき肉…130g
厚揚げ(約180g)…1枚
玉ねぎ…1/4個
塩…少々
A[みりん…大さじ2
  しょうゆ…大さじ1
  酒…大さじ1]
[トッピング]
マヨネーズ…適量
白いりごま…適量
七味(お好みで)…適量

作り方

1 オーブンは220℃に予熱する。
2 ひき肉にみじん切りにした玉ねぎ、塩を入れてこねる。
3 厚揚げを4等分に切り、切り込みを入れて中に2を詰める。
4 耐熱容器に3を並べ、混ぜ合わせたAを回しかける。
5 オーブンで15分焼く。仕上げに白ごまを振り、マヨネーズと七味を添える。

ミルフィーユカツ

大葉とチーズでボリュームアップ
揚げないヘルシーカツ

材料（4個分）

豚しょうが焼き用肉…12枚
大葉…8枚
とろけるチーズ（スライス）…4枚
マヨネーズ…大さじ3
パン粉…適量
塩・こしょう…少々
米油…適量

作り方

1 パン粉はオリーブオイル小さじ2（分量外）となじませ、ラップをして600Wの電子レンジで1分加熱する。
2 オーブンは220℃に予熱する。
3 豚肉は両面に塩・こしょうを振る。
4 1の半量をオーブン用シートをしいた天板の4カ所におく。豚肉にマヨネーズを塗り、その面を下にして4カ所においたパン粉の上にのせる。
5 4の上に大葉、豚肉の幅に切ったチーズ、豚肉の順に重ね、さらに大葉、チーズ、豚肉を重ねる。
6 5にマヨネーズを塗り、残りのパン粉をまんべんなく振りかけ、手で包んで成形する。米油を回しかける。
7 オーブンで20分焼く。

2 Osaku's oven range cooking

Main dish

045

ポークケチャップ

ソースをかけて焼くから肉がふっくら仕上がる
玉ねぎの食感が楽しい

材料 (2~3人分)

豚ロースとんかつ用肉…2枚
じゃがいも…2個
玉ねぎ…1/2個
にんにく…1かけ
A ┃ 酒…大さじ2
　 ┃ ケチャップ…大さじ2
　 ┃ ウスターソース…大さじ1・1/2
　 ┃ 砂糖…小さじ2
バター…15g
オリーブオイル…適量
[トッピング]
イタリアンパセリ…適量

作り方

1　オーブンは220℃に予熱する。
2　玉ねぎはみじん切り、にんにくはすりおろし、Aと混ぜ合わせる。
3　じゃがいもは8等分のくし切りにして、5分ほど水にさらす。
4　耐熱皿に豚肉を並べ、2をかける。バターを細かくしてちらす。
5　空いたスペースに3のじゃがいもを水気をきって並べる。じゃがいもにオリーブオイルを回しかける。
6　オーブンで20分焼く。盛りつけてパセリをのせる。

豚こまプルコギホイル焼き

辛みと甘みのバランスが抜群
ごはんがすすむ一品

220℃ 20分〜

材料（2〜3人分）

豚こま切れ肉…200g
玉ねぎ…1/2 個
にんじん…1/3本
にら…1/2束
A [
しょうゆ…大さじ2
酒…大さじ1
ごま油…大さじ1
コチュジャン…大さじ1/2
砂糖…小さじ2
にんにく（チューブ）…10cm
]

作り方

1 オーブンは220℃に予熱する。
2 豚肉はほぐし、Aと混ぜ合わせる。
3 玉ねぎは薄切り、にんじんは細切り、にらは約3cmの長さに切る。
4 アルミホイルの上に米油小さじ1（分量外）をひき、3を平らに並べる。上にタレごと2をのせて包む。
5 オーブンで20分焼く。

手羽中の甘みそ焼き

こんがりと焼けた香ばしい
みそが食欲をそそる

材料（2~3人分）

鶏手羽中…8本
ピーマン…3個
コーン缶…1/2缶
かぼちゃ…1/8個
A [みそ…大さじ2
　　砂糖…大さじ2
　　酒…大さじ2
　　ごま油…大さじ1
　　しょうゆ…小さじ1]

作り方

1 オーブンは220℃に予熱する。
2 ピーマンは細切りに、かぼちゃはひと口大の薄切りに。コーンは水気をきる。
3 Aを混ぜ合わせ、鶏肉と2にからめて耐熱皿か耐熱バットにのせる。
4 オーブンで20分焼く。

トマトミートボール

焼いただけなのに
まるでじっくり煮込んだような味わい
濃厚なトマトのうまみを感じる

材料（2~3人分）

合いびき肉…300g
玉ねぎ…1/2個
A
- パン粉…大さじ3
- 塩こうじ…大さじ1
- 牛乳…大さじ1

B
- カットトマト缶…1缶
- ケチャップ…大さじ3
- 砂糖…大さじ1
- みりん…大さじ1
- しょうゆ…大さじ1
- ウスターソース…大さじ1

ローリエ…1~2枚
粉チーズ…適量

作り方

1 オーブンは220℃に予熱する。
2 食品用ポリ袋にひき肉、みじん切りにした玉ねぎ、Aを入れて粘りが出るまでこねる。
3 2をひと口大に丸める。
4 耐熱皿にBの調味料をすべて入れて混ぜ合わせ、3を並べる。その上からローリエをおく。
5 オーブンで25分焼く。仕上げに粉チーズを振りかける。

― POINT ―

合いびき肉は豚ひき肉で、
牛乳はオーツミルクで代用
してもOK。

とんぺい焼き

オーブン用シートを使えば簡単！
直火とは違ったふんわり食感

 220℃ 15分〜

POINT

卵が固まったら完成。盛りつける時はひっくり返してシートをはずすときれいな形に。

材料（2〜3人分）

豚バラ薄切り肉…80g
卵…2個
キャベツ…1/5個
もやし…1/2袋
塩・こしょう…少々
オリーブオイル…小さじ1
お好み焼きソース…適量
マヨネーズ…適量
［トッピング］
青のり…適量

作り方

1. オーブンは220℃に予熱する。
2. 耐熱皿にオーブン用シートを大きめにしき、オリーブオイルを薄く塗る。
3. 溶き卵を入れ、豚肉、千切りにしたキャベツ、もやしの順に入れる。塩・こしょうを振り、オーブン用シートを閉じて端をキャンディを包むようにきつくひねって密閉する。
4. オーブンの下段で15分焼く。仕上げにソース、マヨネーズをかける。青のりを振る。

ヘルシーチキンカツ

米粉と水、マヨネーズ液で肉のうまみを閉じ込める
揚げたてのようなサクサク感

材料（2〜3人分）

皮なし鶏むね肉…2枚
米粉…大さじ4
水…大さじ4
マヨネーズ…大さじ1
パン粉…大さじ12
粉チーズ…大さじ4
塩…小さじ1/2
こしょう…少々
オリーブオイル…大さじ2

作り方

1. パン粉はオリーブオイル小さじ2（分量外）となじませ、ラップをして600Wの電子レンジで1分加熱する。
2. オーブンは220℃に予熱する。
3. 鶏肉はめん棒が肉に平行に当たるようにたたいて厚みを均一にする。塩、こしょうを振る。
4. 米粉と水、マヨネーズを混ぜ、3につける。
5. パン粉と粉チーズを混ぜ、4にまぶしてしっかりとつける。
6. 天板にオーブン用シートをしき、5を並べ、オリーブオイルを振りかける。オーブンで30分焼く。

肉巻き野菜の ミートローフ

ベーコンで巻けば型がなくてもできる
みんな大好き、肉のごちそう

材料（2~3人分）

合いびき肉…300g
パプリカ(赤)…1個(130g)
玉ねぎ…1/2個
コーン缶…50g
ミックスナッツ…30g
ベーコン…10枚

A ┌ 卵…1個
  │ パン粉…大さじ6
  │ 牛乳…大さじ2
  └ 塩・こしょう…少々

作り方

1 オーブンは220℃に予熱する。
2 パプリカ、玉ねぎはみじん切りに、ミックスナッツは細かく砕く。
3 ひき肉に2、コーン、Aを混ぜ合わせ、粘りが出るまでこねる。20分ほどおいてなじませる。
4 天板にオーブン用シートをしき、ベーコンを縦に並べ、その上に3を長方形に成形してのせ、巻く。
5 巻き終わりを下にして、オーブンで35分焼く。

肉豆腐

煮すぎてかたくなりがちな豚バラもしっとり仕上がる
やさしい味わい

材料（2〜3人分）

豚バラ薄切り肉…100g
焼き豆腐…1/2丁
玉ねぎ…1/2個
A［水…150ml
　しょうゆ…大さじ2
　酒…大さじ1
　みりん…大さじ1］

作り方

1 オーブンは220℃に予熱する。
2 玉ねぎは薄切り、焼き豆腐は1/4に切る。
3 耐熱皿に玉ねぎをしき、ほぐした豚肉と焼き豆腐をのせる。混ぜ合わせたAを回しかける。
4 オーブンで20分焼く。

豚キムチ

最後のごま油で香ばしさをプラス
ごはんにもお酒にも合う、
疲れた日の救世主

材料 (2~3人分)

豚バラ薄切り肉…150g
白菜キムチ…70g
玉ねぎ…1/4個
にら…1/2束
韓国のり…2枚
塩・こしょう…少々
白いりごま…適量
ごま油…小さじ2

作り方

1 オーブンは220℃に予熱する。
2 豚肉は3cm幅に切る。玉ねぎは薄切りに、にらは2cmの長さ、キムチはざく切りにする。
3 耐熱皿に玉ねぎをしき、その上に豚肉、キムチ、にらを並べる。ごま油を回しかけ、塩・こしょうを振る。
4 オーブンで20分焼き、仕上げに白ごまと韓国のりをちらす。

豚バラときのこの重ね蒸し

濃縮されたきのこのだしと豚バラの脂が相性抜群！

材料 (2~3人分)

豚バラ薄切り肉…200g
しめじ…150g
まいたけ…80g
しいたけ…80g
バター…30g
乾燥パセリ…適量
塩・こしょう…少々

作り方

1 オーブンは220℃に予熱する。
2 しめじ、まいたけは石づきを取り除いて、ほぐす。しいたけは薄切りにする。
3 耐熱皿に 2 をしきつめる。塩・こしょうを両面に振った豚肉を重ならないように並べる。
4 バターを細かくしてちらし、オーブンの下段で30分焼く。仕上げにパセリをちらす。

2 Osaku's oven range cooking

Main dish

鶏もも肉と根菜の
ハニーマスタード焼き

こんがり焼けた鶏肉とほっくり根菜
粒マスタードにはちみつを加えてまろやかに

材料（2〜3人分）

鶏もも肉…1枚
さつまいも…1/2本
A [にんにく（チューブ）…3cm
　　しょうゆ…大さじ1
　　はちみつ…大さじ1
　　粒マスタード…大さじ1/2]

作り方

1 オーブンは220℃に予熱する。
2 さつまいもは小さめのひと口大に切る。
3 鶏肉は切れ目を入れ、耐熱皿に2と一緒に並べる。
4 混ぜ合わせたAを回しかけ、オーブンで30分焼く。

鶏ももチャーシュー

漬け込むことで、じっくり煮込んだ味に
常備菜として使えるおかず

材料（2~3人分）

鶏もも肉…2枚
A
- しょうが（チューブ）…約5cm
- にんにく（チューブ）…約5cm
- しょうゆ…100ml
- 酒…大さじ3
- はちみつ…大さじ2
- きざみねぎ…適量

作り方

1. オーブンは220℃に予熱する。
2. 鶏肉はめん棒が肉に平行に当たるようにたたいて厚みを均一にして、皮目にフォークで穴をあける。
3. 食品用ポリ袋に2とAを入れ、よく揉み込み、冷蔵庫で20分以上おく。
4. 3を筒状に丸めて、つまようじでとめる。
5. 耐熱皿にたれと一緒に4をのせ、オーブンで30分焼く。

サケと野菜の包み蒸し焼き

オーブン用シートを使えば
蒸し料理も簡単
ふんわり焼けたサケに
レモンの酸味がさわやか

材料（2～3人分）

サケ（切り身）…2切れ
ブロッコリー…1/2個
ミニトマト…4個
玉ねぎ…1/2個
レモン…2枚
酒…大さじ1
バター…20g
塩・こしょう…少々

作り方

1 オーブンは220℃に予熱する。
2 耐熱皿の上にオーブン用シートをしき、薄切りにした玉ねぎ、その上にサケ、ひと口大に切ったブロッコリー、半分に切ったミニトマトをのせる。
3 2に酒を振りかけ、塩・こしょう、レモン、バターをのせてオーブン用シートを閉じて端をキャンディを包むようにきつくひねって密閉する。
4 オーブンで20分焼く。

オーブンアヒージョ

魚と野菜のうまみが凝縮
バゲットも一緒に焼いて、二度おいしい！

材料（2~3人分）

サバ（骨なし切り身）…2切れ
マッシュルーム…5~6個
ブロッコリー…1個
ミニトマト…4個
にんにく…1かけ
塩…適量
オリーブオイル…100mℓ
バゲット…1/2本

作り方

1 オーブンは200℃に予熱する。
2 サバは食べやすい大きさに切り、マッシュルームとにんにくは薄切り、ブロッコリーはひと口大に切る。
3 耐熱皿に2とミニトマトを入れる。オリーブオイルを回しかけ、塩を振る。
4 天板にオーブン用シートをしき、3をのせる。すき間に食べやすい大きさに切ったバゲットを並べ、オリーブオイル小さじ2（分量外）を振りかける。
5 オーブンで15~20分焼く。

楽々アクアパッツァ

手が込んで見える一品もオーブンなら簡単
子どもとの取り分けごはんにも大活躍

材料（2~3人分）

タラ（切り身）…2切れ
アサリ…250g
ズッキーニ…1本
しめじ…1/2袋
ミニトマト…5~6個
パプリカ（黄）…1個
ハーブ（お好みで）…適量
酒…50ml
にんにく（チューブ）…約5cm
オリーブオイル…適量
ブラックペッパー…適量

作り方

1　オーブンは200℃に予熱する。
2　野菜はひと口大に切る。
3　耐熱皿に2、アサリを入れる。酒、にんにくを入れて混ぜる。
4　タラを並べ、ハーブをのせる。オリーブオイルを回しかけ、オーブンで20分焼く。
5　仕上げにブラックペッパーやオリーブオイルを回しかける。

POINT

魚は好きな白身魚で代用しても◎。
ハーブはディルがおすすめ。

ブリのねぎみそ焼き

ブリのこっくりとした風味と
こんがり焼けたねぎ&みそが絶品

材料（2~3人分）

ブリ（切り身）…2切れ
塩…小さじ1/2
酒…大さじ1
A ┌ しょうが（チューブ）…約2cm
　│ みそ…大さじ1/2
　│ みりん…大さじ1
　│ しょうゆ…小さじ1
　└ 長ねぎ（小口切り）…1/3本

作り方

1 オーブンは220℃に予熱する。
2 ブリは塩を振りかけ、15分おく。水気をきり、酒を回しかける。
3 天板にオーブン用シートをしき、2を並べ、Aを混ぜ合わせて塗る。
4 オーブンで15分焼く。

サーモンフライ

中はふっくら、外はサクサク
油で揚げないから、やさしい食べ応え

材料（2~3人分）

サケ（骨なし切り身）…2切れ
卵…1個
塩…少々
小麦粉（米粉でも可）…大さじ1・1/2
パン粉…大さじ6
乾燥パセリ…適量
[ソース]
卵…1個
A ┌ マヨネーズ…大さじ2
  │ 酢…小さじ1
  └ 塩・こしょう…少々

作り方

1 パン粉はオリーブオイル少々（分量外）をかけ、ラップをして600Wの電子レンジで1分加熱する。ソース用の卵をゆで、ゆで卵を作る。
2 オーブンは220℃に予熱する。
3 サケに塩、小麦粉、卵、パン粉の順にまぶす。パン粉はしっかり押しつける。
4 天板にオーブン用シートをしき、3を並べてオリーブオイルを回しかけて20分焼く。
5 ゆで卵をつぶし、Aと混ぜ合わせて4にかける。仕上げにパセリを振る。

ブリ大根の照り焼き

短い時間で具材に味が染み込んで
しみじみとおいしい和の定番おかず

 220℃ 20分〜

材料（2〜3人分）

ブリ（切り身）…2切れ
大根…10cm
長ねぎ（白い部分）…20cm
しょうが…1かけ
酒…適量
塩…適量

A ┌ しょうゆ…大さじ2
　├ みりん…大さじ2
　├ 酒…大さじ2
　└ 砂糖…大さじ1

作り方

1　オーブンは220℃に予熱する。
2　ブリは熱湯をくぐらせ、お湯をきり、酒と塩を振りかける。
3　大根は約5mm厚さのいちょう切り、長ねぎは約2cm長さに切る。しょうがは千切りにする。
4　耐熱皿に大根、ブリ、長ねぎ、しょうがの順に重ねる。Aを混ぜてかける。
5　オーブンで20分焼く。

サバみそチーズ焼き春巻き

調味料いらずで味が決まる
手間のかかる春巻きも、オーブンまかせで定番レシピに

材料（6個分）

サバみそ煮缶…1缶
スライスチーズ…6枚
春巻きの皮…6枚
大葉…12枚
水溶き小麦粉…適量
米油…適量

作り方

1. オーブンは220℃に予熱する。
2. サバは汁をきり、ほぐす。大葉2枚で半分に切ったスライスチーズをはさむ。
3. 春巻きの皮に大葉ではさんだチーズ、サバの順にのせて巻き、端を水溶き小麦粉でとめる。
4. 3の全体に薄く米油を塗り、オーブン用シートをしいた天板に並べ、オーブンで15分焼く。

ガーリックシュリンプ

にんにくチューブで簡単に
高温で焼き上げるから、失敗知らず

材料（2~3人分）

エビ（中サイズ）…10尾
バター …10g

A ┌ 塩・こしょう…少々
　└ 酒…大さじ2

B ┌ にんにく（チューブ）…10cm
　│ オリーブオイル…大さじ1
　│ 洋風スープの素（顆粒）…小さじ1
　│ 塩…少々
　└ ブラックペッパー…少々

［トッピング］
乾燥パセリ…適量
レモン…適量

作り方

1　オーブンは220℃に予熱する。
2　エビは殻つきのままよく洗い、背わたを取り除く。食品用ポリ袋にエビとAを入れてからめる。
3　耐熱皿に2を並べ、Bを混ぜ合わせてのせる。
4　オーブンで20分焼く。
5　バターを全体にからめ、パセリを振り、レモンを添える。

サバときのこの みそマヨホイル

サバときのこの豊かなうまみと
みそマヨの組み合わせに納得

材料（2~3人分）

サバ（切り身）…2切れ
しめじ…1パック
まいたけ…1パック
塩…少々
A[マヨネーズ…大さじ2
　　みそ…大さじ2
　　みりん…大さじ1]

作り方

1 オーブンは220℃に予熱する。
2 アルミホイルにサバをのせる。Aを混ぜ合わせ、半量をサバの上に塗る。
3 2に食べやすい大きさにしたしめじ、まいたけをのせ、塩とAの残りの半量をかけてしっかりとアルミホイルを閉じる。
4 オーブンで20分焼く。

シシャモ&トマトの
オイルガーリック焼き

まるでバルメニューのような一品
いつものシシャモが一味違った風味に

材料(2~3人分)

シシャモ…8~10尾
ミニトマト…10個
にんにく…2かけ
塩・こしょう…少々
オリーブオイル…大さじ1
乾燥パセリ(お好みで)…適量

作り方

1. オーブンは220℃に予熱する。
2. シシャモに塩・こしょうを振りかける。ミニトマトは半分に切り、にんにくは薄切りにする。
3. 耐熱皿に2をのせ、オリーブオイルを回しかけ、オーブンで15分焼く。お好みでパセリをちらしても。

辛くない麻婆豆腐

オーブンだから絹豆腐がくずれない
子どももおかわりする和風の味つけ

220℃ 20分～

材料（2〜3人分）

豚ひき肉…150g
絹豆腐…1丁
にら…3本
長ねぎ…1/2本
にんにく…1かけ
しょうが（チューブ）…約3cm
ごま油…大さじ2

A［
みそ…小さじ1
砂糖…小さじ1/2
片栗粉…大さじ1
酒、しょうゆ…各大さじ1
水…200ml
鶏ガラ顆粒だし…小さじ1/3
］

［トッピング］
白ねぎ…適量
白いりごま…適量

作り方

1 オーブンは220℃に予熱する。
2 にらは約2cm長さのザク切りに、長ねぎは小口切り、にんにくはみじん切りにする。豆腐はサイコロ状に切る。
3 耐熱皿に2としょうが、ひき肉をのせ、上からごま油を回しかける。混ぜ合わせたAを回しかける。
4 オーブンで20分焼く。
5 仕上げにきざんだ白ねぎと白ごまをかける。

野菜の焼き浸し

それぞれの野菜の食感と味わいが楽しい
食卓を彩る華やかな野菜料理

材料（2~3人分）

かぼちゃ…1/4個
なす…1本
ズッキーニ…1本
ピーマン…2個
ミニトマト…8~10個
めんつゆ（ストレート）…200㎖
オリーブオイル…適量

作り方

1 オーブンは220℃に予熱する。
2 かぼちゃは3mmの薄切り、なすは斜め薄切り、ズッキーニは輪切りにする。ピーマンは縦半分に切り、へたとタネを除いて2等分に切る。
3 天板にオーブン用シートをしき、2とミニトマトを並べ、オリーブオイルを回しかける。オーブンで20分焼き、皿に移してめんつゆを入れる。

ラタトゥイユ

じっくり加熱するから、野菜に味が染みわたる
市販の材料で、ひと手間かけた丁寧な味に

材料（2~3人分）

玉ねぎ…1/2個
マッシュルーム…50g
ズッキーニ…1/2本
ローリエ…1枚
市販トマトソース…120ml

作り方

1 オーブンは220℃に予熱する。
2 玉ねぎとマッシュルームは細切り、ズッキーニは1cm厚さの輪切りにする。
3 耐熱皿に2を入れ、トマトソースをかけ、ローリエをのせる。
4 オーブンで25分焼く。

3 Osaku's oven range cooking — Side dish

オーブンでうまみを引き出す
野菜を使った副菜

オーブンは、野菜のうまみと甘みを引き出すのが得意。
シンプルに焼くだけで野菜のおいしさが
ぎゅっと詰まったひと皿に仕上がります。
野菜とオーブンの相性をグンと上げるレシピをご紹介。

たっぷり野菜の
フリッタータ

オーブン用シートと油でくっつき防止
ふわとろフリッタータの出来上がり
きのことミニトマトで味の変化が楽しい

材料（2~3人分）

卵…3個
きのこ（しめじ、エリンギ、マッシュルーム）…各15g
ミニトマト…4個
塩・こしょう…少々
乾燥パセリ…大さじ1/2
オリーブオイル…小さじ1/2

作り方

1 オーブンは220℃に予熱する。
2 きのこ類はひと口大、ミニトマトは半分に切る。卵を溶き、塩・こしょうを振ってパセリを入れて混ぜる。
3 耐熱皿にオーブン用シートをしき、オリーブオイルを塗る。2を入れてオーブンで15分焼く。

揚げない大豆の甘辛炒め

香ばしくてクセになる！
もう1品におすすめしたい、栄養抜群のごはんのおとも

材料（2~3人分）

水煮大豆…150g
米油…大さじ1
A
- しょうゆ…大さじ1
- みりん…大さじ1
- 砂糖…小さじ1
- 酢…小さじ1

作り方

1. オーブンは220℃に予熱する。
2. 大豆は水気をきる。
3. 耐熱皿に2を入れて、混ぜ合わせたAを回しかける。
4. 米油を全体にからめ、オーブンで15分焼く。

かぼちゃの塩こうじグリル

ほくほくした甘みに、香ばしさをプラス
オリーブオイルで洋風な味わいに

材料（2~3人分）
かぼちゃ…1/2個
塩こうじ…大さじ1
オリーブオイル…大さじ1

作り方
1 オーブンは200℃に予熱する。
2 かぼちゃはひと口大に切り、ところどころ皮をむく。耐熱皿にかぼちゃをのせ、塩こうじ、オリーブオイルとあえる。
3 かぼちゃの皮目を上にして、オーブンで20分焼く。

ブロッコリーの
にんにくマヨグリル

うまみがぎゅっとつまったブロッコリーに
パンチのあるにんにくのバランスが最高

200℃ 30分〜

材料（2~3人分）

ブロッコリー…1株
A［ しょうゆ…大さじ1
　　みりん…大さじ1/2
　　にんにく（チューブ）…2cm ］
マヨネーズ…適量

作り方

1 オーブンは200℃に予熱する。
2 ブロッコリーは小房に分け、600Wの電子レンジで約2分加熱する。
3 2に混ぜ合わせたAをからめる。
4 耐熱皿に並べて、上からマヨネーズをかける。
5 オーブンで30分焼く。

玉ねぎのチーズロースト

あっという間にひと玉ペロリ
シンプルなのにコクがある味

材料(2~3人分)

玉ねぎ…1個
とろけるチーズ(スライス)…4枚
オリーブオイル…大さじ2・2/3
ブラックペッパー…適量

作り方

1 オーブンは200℃に予熱する。
2 玉ねぎは4等分の厚さの輪切りにする。両面にオリーブオイルを小さじ1ずつ回しかけ、なじませる。
3 耐熱皿に2を並べて、チーズを1枚ずつのせる。
4 オーブンで30分焼き、仕上げにブラックペッパーを振る。

レタスのグリル焼き

ふわっとしてみずみずしいレタスのうまみを
存分に引き出す究極の食べ方

 220℃ 10分〜

材料（2〜3人分）

レタス（小）…1/2個
塩…少々
ブラックペッパー…少々
オリーブオイル…大さじ1

作り方

1 オーブンは220℃に予熱する。
2 耐熱皿にレタスの切った面を上にしておき、塩、ブラックペッパーを振る。
3 オリーブオイルを回しかけ、オーブンで10分焼く。

じゃがツナガレット

ほくほくカリカリの食感が、一度食べたらやみつき
オーブンまかせなら、形が崩れる心配もなし

材料（2~3人分）

じゃがいも…2個
ツナ缶…1缶
ピザ用チーズ…60g
オリーブオイル…大さじ1・1/2

POINT
じゃがいもを千切りにする時は
スライサーがおすすめ！

作り方

1 オーブンは220℃に予熱する。
2 じゃがいもは細い千切りにする。水にさらし、水気をきる。
3 2と水気をきったツナ、チーズを混ぜ、オーブン用シートをしいた耐熱皿に入れ、上から押さえつける。
4 オリーブオイルを回しかけ、オーブンで15分焼く。

ピーマン丸ごと しらすチーズ焼き

ピーマンは丸ごと焼いておいしさを閉じ込めるのが正解!

材料（2~3人分）

ピーマン…5個
釜揚げしらす…大さじ1~2
粉チーズ…適量
塩…少々
しょうゆ…小さじ1
米油…大さじ1

作り方

1 オーブンは220℃に予熱する。
2 ピーマンは全体に米油を塗る。
3 2にしらす、塩、粉チーズをからめ、オーブン用シートをしいた天板にのせる。オーブンで15分焼く。
4 仕上げにしょうゆをたらす。

キャベツの
ちりめんオイル

じっくり焼いたキャベツの甘みに
カリカリのちりめんじゃこが際立つ

材料（2～3人分）

キャベツ…1/4個
ちりめんじゃこ…20g
A［ 酒…大さじ1
　　オリーブオイル…大さじ1
　　にんにく…1/2かけ
　　塩…少々 ］

作り方

1 オーブンは220℃に予熱する。
2 キャベツは2cm幅に切る。
3 Aのにんにくはみじん切りにし、ほかの調味料と混ぜ合わせる。
4 耐熱皿に2を並べてじゃこをのせ、3を回しかける。
5 オーブンで15分焼く。

なすの きのこチーズ焼き

口に入れた瞬間「えっ!?」と驚く
ブラックペッパーがきいた大人の味

材料（2〜3人分）

なす…2本
えのき…1/2袋
クリームチーズ…大さじ4
ブラックペッパー…小さじ2

作り方

1 オーブンは220℃に予熱する。
2 なすは縦半分に切り、皮に切れ目を入れて水にさらす。
3 耐熱皿に水気をきった2を並べる。細かく切ったえのき、クリームチーズ、ブラックペッパーを混ぜ合わせてなすの表面に塗る。
4 オーブンで15分焼く。

長いも明太チーズ

ほっくり長いもと明太チーズのコクが合いすぎて箸が止まらない
おつまみにもぴったりの一品

材料（2~3人分）

長いも…1パック
オリーブオイル…大さじ1/2
塩…少々
A ┌ 明太子…50g
　│ クリームチーズ…50g
　└ 米油…小さじ1
［トッピング］
黒いりごま…適量

作り方

1　オーブンは220℃に予熱する。
2　長いもは皮をむき、約1.5cm厚さの短冊切りにする。
3　天板にオーブン用シートをしいて、2を並べ、塩を振り、オリーブオイルを回しかける。混ぜ合わせたAをのせる。
4　オーブンで15分焼く。仕上げに黒ごまを振る。

長ねぎとちくわの塩昆布ソテー

長ねぎは焼くと中がとろり
ごま油の風味が全体をまとめる、バランスのよい味

材料（2〜3人分）

長ねぎ（白い部分）…2本
ちくわ…6本
塩昆布…20g
A ┌ ごま油…大さじ2
　├ 酢…小さじ2
　└ みりん…大さじ1
白いりごま…適量

作り方

1. オーブンは220℃に予熱する。
2. 長ねぎはちくわと同じ長さに切り、ちくわは縦半分に切る。
3. 塩昆布はきざみ、Aとあえる。
4. 耐熱皿に2を並べ、3をかける。
5. オーブンで15分焼き、仕上げに白ごまを振る。

根菜ハニーきんぴら

炒めたきんぴらとは違ったほくシャキ食感
はちみつの甘みがこっくりおいしい

材料（2～3人分）

れんこん…1節
ごぼう…1/2本
A ┃ しょうゆ…大さじ1
　┃ 白いりごま…大さじ1
　┃ ごま油…大さじ1
　┃ 酒…大さじ1/2
　┃ しょうが（チューブ）…10㎝
　┃ はちみつ…小さじ1

作り方

1. オーブンは220℃に予熱する。
2. れんこんは3mm厚さのいちょう切り、ごぼうは3mm厚さの斜め薄切りにして水にさらす。
3. 耐熱皿に水気をきった2を入れ、混ぜ合わせたAを全体にからめる。
4. オーブンで20分焼く。

オーブン大学芋

汁まで一緒に焼くことで
キラキラの照りが簡単にできる

材料（2~3人分）

さつまいも…2本
黒いりごま…適量
A［砂糖…大さじ2
　米油…大さじ2
　みりん…大さじ1］

作り方

1. オーブンは220℃に予熱する。
2. さつまいもは小さめの乱切りにして10分ほど水にさらす。
3. 水気をきった2を食品用ポリ袋に入れ、混ぜ合わせたAを入れてなじませる。
4. 天板にオーブン用シートをしき、3を汁と一緒に重ならないように並べる。
5. オーブンで20分焼き、仕上げに黒ごまを振る。

里いもの
クリチマスタードロースト

濃厚なクリームチーズと華やかなマスタード、
里いもの甘みがぴたりと合った絶品メニュー

材料（2~3人分）

里いも…5~6個
A ┌ クリームチーズ…30g
　├ マヨネーズ…大さじ1
　└ 粒マスタード…小さじ2
オリーブオイル…小さじ2
塩…少々

作り方

1 里いもは両端を切り落として、縦に皮をむき、横半分に切る。
2 耐熱皿に**1**を並べ、600Wの電子レンジで3分加熱する。
3 **A**の材料を混ぜ合わせる。
4 オーブンは220℃に予熱する。
5 **2**の上にオリーブオイルを回しかけ、**3**をかける。
6 オーブンで20分焼き、仕上げに塩を振る。

バターカレー枝豆

にんにくバターが枝豆を包み込む
スパイシーでお酒にも合う、元気の出る一品

材料（2~3人分）

枝豆（冷凍）…150g
にんにく…1かけ
バター…20g
カレー粉…小さじ1

作り方

1 オーブンは220℃に予熱する。
2 枝豆は解凍し、水気をしっかりきる。
3 天板にオーブン用シートをしき、2を並べる。みじん切りにしたにんにくとカレー粉をからめる。
4 バターを全体にちらし、オーブンで15分焼く。

かぼちゃのきんぴら

ごま油の香ばしさをプラスしてあっという間に凝った味に
満足感のある副菜

材料（2~3人分）

かぼちゃ…1/4個

A
- 酒…大さじ2
- 和風顆粒だし…小さじ2
- しょうゆ…小さじ1
- 砂糖…小さじ1
- ごま油…大さじ1

作り方

1 オーブンは220℃に予熱する。
2 かぼちゃは細切りにする。
3 耐熱皿に2を入れ、Aと混ぜ合わせる。
4 オーブンで20分焼く。

なすの丸ごとグリル焼き

とろけるような食感で、素材の甘みを再確認
なすがあったらぜひ作ってほしい！

材料（2〜3人分）

なす…1本
[トッピング]
青ねぎ…適量
しょうが（チューブ）…適量
ポン酢しょうゆ…適量

作り方

1 オーブンは220℃に予熱する。
2 なすは切れ目を入れるか、つまようじで穴をあける。
3 アルミホイルで2を包み、オーブン用シートをしいた天板に並べる。
4 オーブンで10分焼き、ひっくり返してさらに10分焼く。
5 なすを手でさいて、小口切りにした青ねぎ、しょうがをのせる。ポン酢しょうゆをかける。

さつまいもの豆乳チャウダー

オーブンで加熱してさつまいもの甘みと豆乳のこっくり感が増す滋味深い味わい

220℃ 15分〜

> POINT
> さつまいもは甘めの品種がおすすめ!

材料（2〜3人分）

- ソーセージ…約4本
- さつまいも…150g
- 玉ねぎ…1/2個
- A
  - 豆乳…300ml
  - 水…100ml
  - バター…20g
  - 洋風スープの素（顆粒）…小さじ1
- 乾燥パセリ…適量

作り方

1. ソーセージは斜め3等分に切る。さつまいもは1.5cm角に切り、玉ねぎはみじん切りにして、600Wの電子レンジで2分30秒加熱する。
2. オーブンは220℃に予熱する。
3. 深めの耐熱皿に1とAを入れてしっかり混ぜる。アルミホイルでしっかりふたをする。
4. オーブンで15分加熱する。仕上げにパセリをちらす。

みそキムチスープ

コチュジャンを足して深い味わいに
ぐつぐつ煮込んだ本場の味を再現

材料（2~3人分）

豚バラ薄切り肉…150g
木綿豆腐…1/2丁
にら…1/2束
白菜キムチ…100g
A ┌ 湯…200ml
　│ 鶏ガラ顆粒だし…大さじ1/2
　│ コチュジャン…大さじ2
　│ みそ…小さじ1
　└ ごま油…小さじ1
白いりごま…適量

作り方

1 オーブンは220℃に予熱する。
2 豚肉と豆腐は一口大に、にらは3cmほどの長さに切る。キムチはざく切りに。
3 耐熱バットに2を入れて、Aを混ぜ合わせたスープを注ぎ、アルミホイルでしっかりふたをする。
4 オーブンで15分加熱する。盛りつけて、仕上げに白ごまを振る。

ミネストローネ

くたくたの体にトマトの栄養が染みわたる
すぐにできるあったかスープ

材料 (2~3人分)

ソーセージ…5本
玉ねぎ…1/2個
水煮大豆…100g
A ┌ 水…200ml
  │ カットトマト缶…200ml
  │ 洋風スープの素(顆粒)…小さじ2
  │ 塩…少々
  └ ローリエ…1枚

[トッピング]
乾燥パセリ(お好みで)…適量

作り方

1 オーブンは220℃に予熱する。

2 大豆は水をきり、玉ねぎはみじん切りに、ソーセージは3等分の斜め切りにする。

3 耐熱皿に2を入れ、Aを加えてよく混ぜ、アルミホイルでしっかりふたをする。

4 オーブンで20分加熱する。仕上げにお好みでパセリを振る。

4 Osaku's oven range cooking — Staple food

ごはん、麺、パン……
大満足の主食

オーブンでお米が炊けると知ってからは
主食メニューもオーブン調理で
完結しています。
火加減が難しいものも、
オーブンにすべておまかせ。
おもてなしも叶う主食が、
ほったらかしで完成します。

ロコモコ丼

たまねぎのソースでごはんがすすむ
たねはしっかり粘りが出るまでこねると成功率がアップ

材料（2人分）

ごはん…200g
卵…2個（目玉焼き用）
[たね]
合いびき肉…250g
玉ねぎ…1/2個
A [卵…1個
   パン粉…大さじ4
   塩・こしょう…少々]
オリーブオイル…適量
[ソース]
玉ねぎ…1/4個
B [ウスターソース…大さじ2
   ケチャップ…大さじ1・1/2
   バター…20g]
[トッピング]
乾燥パセリ（お好みで）…適量
フリルレタス…適量

作り方

1 オーブンは200℃に予熱する。
2 ひき肉にみじん切りにした玉ねぎ、Aを入れて粘りが出るまでこねる。
3 2を成形し、オーブン用シートをしいた天板に並べ、オリーブオイルを回しかける。
4 耐熱皿に目玉焼き用の卵を割り入れてアルミホイルでふたをする。3の天板にのせる。
5 ソース用の玉ねぎはみじん切りにする。Bと一緒に耐熱皿に入れる。アルミホイルでふたをして天板にのせる。
6 オーブンに天板を入れ、30分焼く。ごはんの上に盛り、フリルレタスを添える。お好みでパセリを振っても。

POINT
チーズを入れてもおいしい！

ほったらかし キーマ

わが家のキーマは野菜たっぷり
食べると心があたたまるメニュー

材料（2人分）

合いびき肉…130g
トマト…1個
玉ねぎ…1/4個
なす…1/2本
ピーマン…1個
にんにく…1かけ
ごはん…200g
卵黄…2個

A ┃ ウスターソース…大さじ2・1/2
　┃ カレー粉…大さじ2
　┃ ケチャップ…小さじ1
　┃ みりん…大さじ1
　┃ 塩・こしょう…少々

作り方

1. オーブンは220℃に予熱する。
2. トマトは1cm角に切る。玉ねぎ、なす、ピーマン、にんにくはすべてみじん切りにする。
3. ひき肉、2、Aを混ぜ合わせる。
4. 耐熱皿にオーブン用シートをしき、3をのせる。
5. オーブンで15分焼き、一度取り出してかき混ぜる。オーブンでさらに15分焼く。
6. ごはんの上に5をよそい、卵黄をのせる。

---- POINT ----

フレークタイプのカレールーを使用してもOK。

焼きいなり

焼き目がカリッと香ばしい
いろいろな具材で楽しむいなり

材料（1個分）

味付いなりあげ…1枚
ごはん…40g
[しらすチーズいなり]
釜揚げしらす…小さじ2
とろけるチーズ（スライス）…1/2枚
[梅マヨいなり]
梅干し…1個
マヨネーズ…小さじ1
[大葉いなり]
大葉…1枚

作り方

1 オーブンは200℃に予熱する。
2 いなりあげにごはんを詰める。
3 しらすとひと口大に切ったチーズは混ぜておく。梅干しは種をとり、マヨネーズとあえる。大葉は千切りにする。
4 具材をごはんの上にのせ、俵型に形を整える。オーブン用シートをしいた天板に並べ、オーブンで15分焼く。

Arrange recipe

ロールいなり

子どもも食べやすい
ひと口サイズ

材料（1人分）

味付いなりあげ…2枚
ごはん…30g

作り方

1 いなりあげの皮の両端を切って広げ、1.5cmの重なりができるように2枚縦に並べる。
2 上下を少し空けてごはんを薄くおく。
3 下から丸めていき、ラップでキャンディ包みにしてなじませたら、半分に切る。
4 ラップをとり、耐熱皿に並べて200℃に予熱したオーブンで15分焼く。

107

ヘルシー焼きビビンパ

肉の代わりの厚揚げで
ボリュームアップ&ジューシーに

材料（2~3人分）

白菜キムチ…60g
もやし…1/3袋
厚揚げ（60g）…2枚
卵…1個
ごはん…400g
ごま油…大さじ3
塩…少々
[トッピング]
大葉…4枚
白いりごま…適量

作り方

1. オーブンは220℃に予熱する。
2. 厚揚げは約1.5cm角に切る。
3. 耐熱皿にごはん、ごま油小さじ2（分量外）、塩を入れ混ぜる。上にもやし、キムチ、2をのせ、真ん中に卵を落とし入れる。
4. ごま油を回しかけ、オーブンで15分焼く。
5. 仕上げに白ごまと細切りにした大葉をのせる。

オーブンふっくらごはん

アルミホイルでしっかりふたをするのがコツ
つやつやの炊きたてをぜひ一度ご賞味あれ

材料

米…2合
水…400ml

作り方

1 オーブンは220℃に予熱する。
2 米は洗い、水につけて30分おく。
3 耐熱皿に水をきった2を入れ、水を注ぐ。アルミホイルでふたをしてオーブンで35分焼く。
4 オーブンから出さずに、そのまま15分ほど蒸らす。

豚バラガーリックピラフ

生米からオーブンにおまかせ
バターと鶏ガラの異色の組み合わせが
お店みたいな味を実現

材料（2人分）

豚バラ薄切り肉…60g
グリーンアスパラガス…3本
玉ねぎ…1/4個
にんにく…1かけ
米…2合
バター…20g
A ┃ 鶏ガラスープ…260ml
　 ┃ 酒…大さじ1
　 ┃ しょうゆ…大さじ1・1/2
　 ┃ にんにく（チューブ）…3cm
　 ┃ 塩・こしょう…少々
ブラックペッパー（お好みで）…適量

作り方

1. 米は洗い、水につけて30分おく。
2. オーブンは220℃に予熱する。
3. 豚肉は約5mm幅に切り、アスパラガスは根元のかたい部分の皮をピーラーでむき、3cmの長さに切る。玉ねぎはみじん切り、にんにくは薄切りにする。
4. 耐熱容器に1を水をきって広げ、3を並べる。混ぜ合わせたAを回しかけ、ひと口大に切ったバターをのせる。
5. アルミホイルでふたをして、オーブンで30分焼く。オーブンから出さずにそのまま10分ほど蒸らす。盛りつけてお好みでブラックペッパーを振っても。

混ぜて焼くだけ
お好み焼き

ひっくり返す手間なし！
ふんわりとした焼き上がりで箸がすすむ

材料（2人分）

長いも…50g
キャベツ…5枚
豚バラ薄切り肉…3枚
卵…1個
A ┌ 天かす…20g
　├ 小麦粉…30g
　├ 水…大さじ2
　└ 和風顆粒だし…小さじ1/2
米油…小さじ1

［トッピング］
青のり…適量
お好み焼きソース…適量
かつおぶし…適量
マヨネーズ…適量

作り方

1 オーブンは220℃に予熱する。
2 長いもは皮をむいてすりおろす。キャベツは千切りにする。
3 ボウルに卵をほぐし、2のキャベツ、Aと混ぜ合わせる。2の長いもを加えてさっくりと混ぜる。
4 耐熱皿にオーブン用シートをしき、米油をひく。3の生地を流し入れ、半分に切った豚肉を並べる。
5 オーブンで20分焼く。お好みでマヨネーズ、ソース、かつおぶし、青のりをかける。

Staple food

あんかけかた焼きそば

あんかけとカリカリの麺がオーブンまかせで一気に作れる！
ノンオイルでヘルシー

材料（2人分）

焼きそば（市販袋麺）…2袋
シーフードミックス（冷凍）…150g
うずらの卵（水煮）…5〜6個
白菜…150g

A
- オイスターソース…大さじ2
- 酒…大さじ2
- 片栗粉…大さじ1
- しょうゆ…小さじ1
- 鶏ガラ顆粒だし…小さじ1/2
- 湯…250ml

作り方

1 オーブンは220℃に予熱する。
2 シーフードミックスは解凍する。白菜は約2〜3cm幅に切る。
3 耐熱容器に2、うずらの卵を並べ、混ぜ合わせたAを回しかける。
4 天板にオーブン用シートをしき、ほぐした麺をのせる。
5 オーブンの上段に4、下段に3を入れてオーブンで20分焼く。
6 皿に盛りつける。

豚バラキャベツの
ソース焼きうどん

うどんを焼く前にごま油をからめて
香ばしさとコクをプラス

材料（2人分）

豚バラ薄切り肉…130g
キャベツ…4～5枚
生うどん…2玉
中濃ソース…大さじ4
ごま油…大さじ1
塩・こしょう…少々
青のり…適量
かつおぶし（お好みで）…適量

作り方

1 オーブンは220℃に予熱する。
2 豚肉は約5～6cm幅に切る。キャベツは約1cm幅のざく切りにする。
3 うどんはほぐし、ごま油をからめる。
4 耐熱皿にうどん、キャベツ、豚肉の順に重ね、中濃ソースをかける。
5 オーブンで20分焼く。仕上げに塩・こしょう、青のりをかける。お好みでかつおぶしをかけても。

― POINT ―
焼きそばで作ってもおいしい。

4 Osaku's oven range cooking

Staple food

117

グリルタコス

ソースをからめて焼くから失敗なし
ジューシーなタコミートが完成

材料(3~4人分)

合いびき肉…300g
玉ねぎ…1/2個
A [
にんにく(チューブ)…3cm
ウスターソース…大さじ2・1/2
ケチャップ…大さじ2
カレー粉…小さじ2
砂糖…小さじ1
しょうゆ…小さじ1
塩…少々
]
トルティーヤ…4枚
アボカド…1個
トマト…適量
レタス…1/4個
ピザ用チーズ…適量

作り方

1 オーブンは220℃に予熱する。
2 玉ねぎはみじん切りにする。
3 耐熱皿にひき肉、2とAを入れ混ぜ合わせる。
4 オーブンで20分焼く。
5 4をよく混ぜ合わせ、トルティーヤの上にのせる。千切りにしたレタス、1cm角に切ったアボカド、トマト、チーズの順に盛りつける。

豚バラトマト
ブルスケッタ

のせて焼くだけなのに目を引く華やかさ
ゲストが歓声を上げるおもてなしパン

材料（3~4人分）

豚バラ薄切り肉…80g
トマト…3個
バゲット…1本
モッツァレラチーズ…100g
塩・こしょう…少々
オリーブオイル…大さじ2

作り方

1 オーブンは220℃に予熱する。
2 バゲットは縦半分に切り、表面にオリーブオイルを塗る。
3 薄切りにしたトマト、豚肉、チーズをのせ、塩・こしょうを振る。
4 オーブンで15分焼く。

お手軽ぎょうざの皮
ラザニア

もちもちのぎょうざの皮がソースとからんで
とろっとぜいたくな食べ心地

材料

ぎょうざの皮…12枚
市販パスタソース（トマト）…150ml
市販ホワイトソース…150ml
ピザ用チーズ…50g
乾燥パセリ…適量
オリーブオイル…適量

作り方

1 オーブンは220℃に予熱する。
2 耐熱皿にオリーブオイルを薄くひき、パスタソースを少量入れる。
3 最後がトマトソースになるように、ぎょうざの皮、残りのパスタソース、ぎょうざの皮、ホワイトソースの順に重ねる。チーズをちらす。
4 オーブンで15分焼く。仕上げにパセリをちらす。

POINT

ぎょうざの皮には端までしっかりソースをかけて。

おわりに

ここまで目を通していただいて本当に本当にありがとうございます。
オーブン料理1つで、産後の家事と育児の両立に
余裕が生まれたと言っても過言ではないくらい
わたしの暮らしには欠かせない、まさに相棒のようなオーブン。

そんなわたしを救ってくれた大好きなオーブン料理をSNSで発信していく中で
日々たくさんの声をいただき、今、1冊のレシピ本を
皆さんに手に取っていただけることになりました。感謝してもしきれません。

毎日でなくても良い。
キッチンに立つのが疲れたとき、手を抜きたいとき…
外食やテイクアウト以外の選択肢として『オーブン』という手段が
この本をきっかけに生まれるとうれしいなと心から思います。

そしてオーブンでほったらかしている間は、ぜひ自分の時間に。
オーブン料理に慣れてくると、心と時間にゆとりが生まれてくるはず。
わたしが身をもって体感しました。

この1冊の本を通して、ごはん作りがしんどいを『楽しい』に、
料理のハードルは下げつつ、食卓のクオリティや家族の満足度はむしろプラスに！
みなさまの暮らしをもっと楽にそして豊かにするきっかけ作りとして、
お役に立てたら幸せです。

おさく

温度・時間別さくいん

同時調理でさらにお手軽！
本書に登場するレシピの温度・時間別リストです

200℃

15分〜　[マフィン型]
　　　　18　ピーマン肉詰め
　　　　18　ハムエッグ
　　　　18　じゃがいもグラタン
　　　　18　さつまいもの塩バター
　　　　18　鶏もも照り焼き
　　　　18　ツナの春巻き
　　　　20　ズッキーニのチーズ焼き
　　　　20　サケのパン粉焼き
　　　　20　かぼちゃのカレー粉焼き
　　　　20　手羽中の塩こうじ焼き
　　　　20　フレンチトースト
　　　　20　玉ねぎグリル
　　　　22　のり巻きチキン
　　　　22　野菜＆チーズのオムレツ
　　　　22　マカロニグラタン
　　　　22　大学芋風
　　　　22　にんじん＆トマトのグリル
　　　　22　コーンバター焼きおにぎり
　　　　24　ミニハンバーグ
　　　　24　焼きおにぎり
　　　　24　かぼちゃの肉巻き
　　　　24　厚揚げのごましょうが焼き
　　　　24　サバの竜田焼き
　　　　24　焼きチーズいなり
　　　　26　明太マヨチーおにぎり
　　　　26　肉巻きアスパラ
　　　　26　焼き枝豆
　　　　26　ちくわ磯辺焼き
　　　　26　揚げなす
　　　　26　豚肉塩こうじ焼き
　　　　28　じゃがソーセージ
　　　　28　肉巻きおにぎり
　　　　28　コーンバター

　　　　28　無限ピーマン
　　　　28　鶏肉のマスタード焼き
　　　　28　サケのムニエル風

　　　　[メインおかず]
　　　　62　オーブンアヒージョ

　　　　[主食]
　　　106　焼きいなり

20分〜　[メインおかず]
　　　　38　ごちそうグリルサラダ
　　　　64　楽々アクアパッツァ

　　　　[副菜]
　　　　82　かぼちゃの塩こうじグリル

25分〜　[メインおかず]
　　　　12　おもてなしグリル焼き
　　　　14　ハンバーグ

30分〜　[メインおかず]
　　　　36　焼きロールキャベツ
　　　　40　揚げない！　手羽中の唐揚げ

　　　　[副菜]
　　　　83　ブロッコリーのにんにくマヨグリル
　　　　84　玉ねぎのチーズロースト

　　　　[主食]
　　　102　ロコモコ丼

35分〜　[メインおかず]
　　　　32　スペアリブ

220℃

10分〜 [副菜]
85　レタスのグリル焼き

15分〜 [メインおかず]
42　ひき肉と厚揚げの照りマヨ焼き
52　とんぺい焼き
66　ブリのねぎみそ焼き
69　サバみそチーズ焼き春巻き
73　シシャモ＆トマトのオイルガーリック焼き

[副菜]
80　たっぷり野菜のフリッタータ
81　揚げない大豆の甘辛炒め
86　じゃがツナガレット
87　ピーマン丸ごとしらすチーズ焼き
88　キャベツのちりめんオイル
89　なすのきのこチーズ焼き
90　長いも明太チーズ
91　長ねぎとちくわの塩昆布ソテー
95　バターカレー枝豆

[スープ]
98　さつまいもの豆乳チャウダー
99　みそキムチスープ

[主食]
108　ヘルシー焼きビビンバ
120　豚バラトマトブルスケッタ
122　お手軽ぎょうざの皮ラザニア

20分〜 [メインおかず]
34　簡単オーブンサムギョプサル
41　栄養爆弾つくねボール
44　ミルフィーユカツ
46　ポークケチャップ
48　豚こまプルコギホイル焼き
49　手羽中の甘みそ焼き
56　肉豆腐
57　豚キムチ
61　サケと野菜の包み蒸し焼き
67　サーモンフライ
68　ブリ大根の照り焼き
70　ガーリックシュリンプ
72　サバときのこのみそマヨホイル
74　辛くない麻婆豆腐
76　野菜の焼き浸し

[副菜]
92　根菜ハニーきんぴら
93　オーブン大学芋
94　里いものクリチマスタードロースト
96　かぼちゃのきんぴら
97　なすの丸ごとグリル焼き

[スープ]
100　ミネストローネ

[主食]
112　混ぜて焼くだけお好み焼き
114　あんかけかた焼きそば
116　豚バラキャベツのソース焼きうどん
118　グリルタコス

25分〜 [メインおかず]
50　トマトミートボール
78　ラタトゥイユ

30分〜 [メインおかず]
53　ヘルシーチキンカツ
58　豚バラときのこの重ね蒸し
59　鶏もも肉と根菜のハニーマスタード焼き
60　鶏ももチャーシュー

[主食]
104　ほったらかしキーマ
110　豚バラガーリックピラフ

35分〜 [メインおかず]
54　肉巻き野菜のミートローフ

[主食]
10　ほったらかし無水カレー
109　オーブンふっくらごはん

127

おさく

アスリートの夫を持つ、1児の母。
Instagramにて、マフィン型とオーブンでお弁当を一括調理する動画が一躍話題に。オーブンを活用した時短レシピや、キッチンに余裕をもたらす調理アイデアを発信している。

Instagram　@osaku_nogohan

ならべて焼くだけ
オーブンレンジで満足ごはん

2025年2月5日　初版発行

著者	おさく
発行者	山下直久
発行	株式会社KADOKAWA
	〒102-8177　東京都千代田区富士見2-13-3
	電話 0570-002-301（ナビダイヤル）
印刷所	TOPPANクロレ株式会社
製本所	TOPPANクロレ株式会社

本書の無断複製（コピー、スキャン、デジタル化等）並びに無断複製物の譲渡および配信は、著作権法上での例外を除き禁じられています。また、本書を代行業者等の第三者に依頼して複製する行為は、たとえ個人や家庭内での利用であっても一切認められておりません。

［お問い合わせ］
https://www.kadokawa.co.jp/　（「お問い合わせ」へお進みください）
※内容によっては、お答えできない場合があります。
※サポートは日本国内のみとさせていただきます。
※Japanese text only
定価はカバーに表示してあります。

©Osaku 2025　Printed in Japan
ISBN 978-4-04-684455-2　C0077